Ff

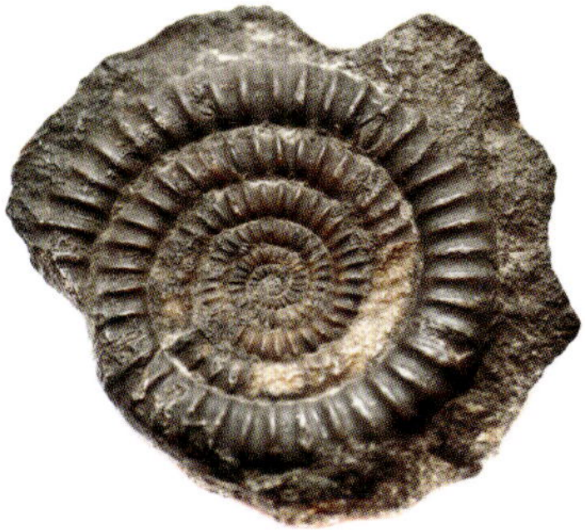

Ransom

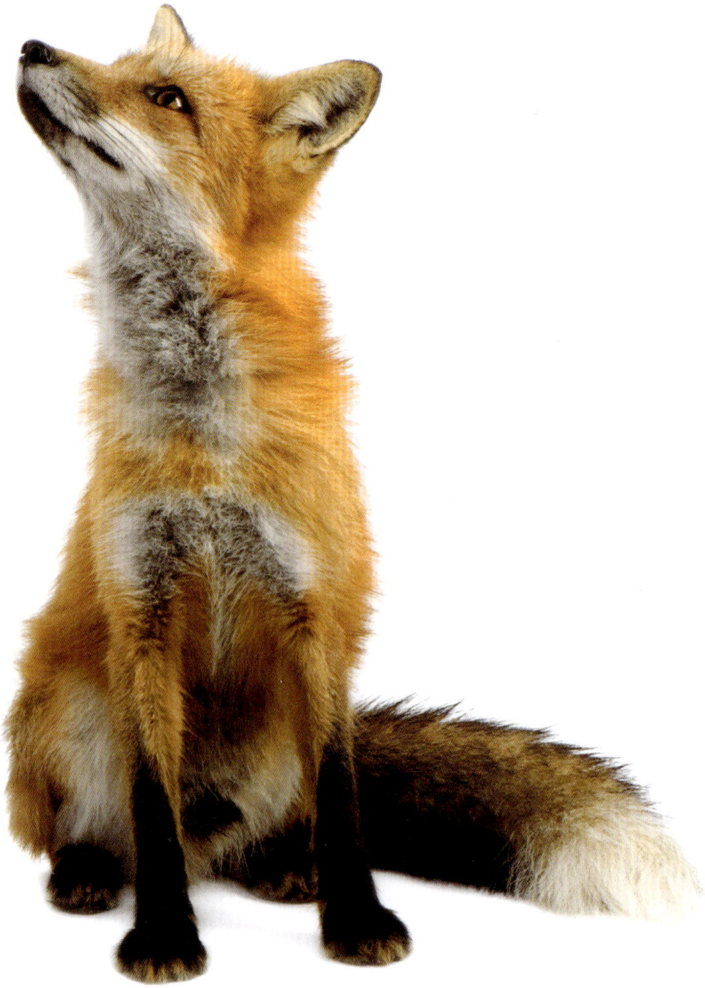

fox

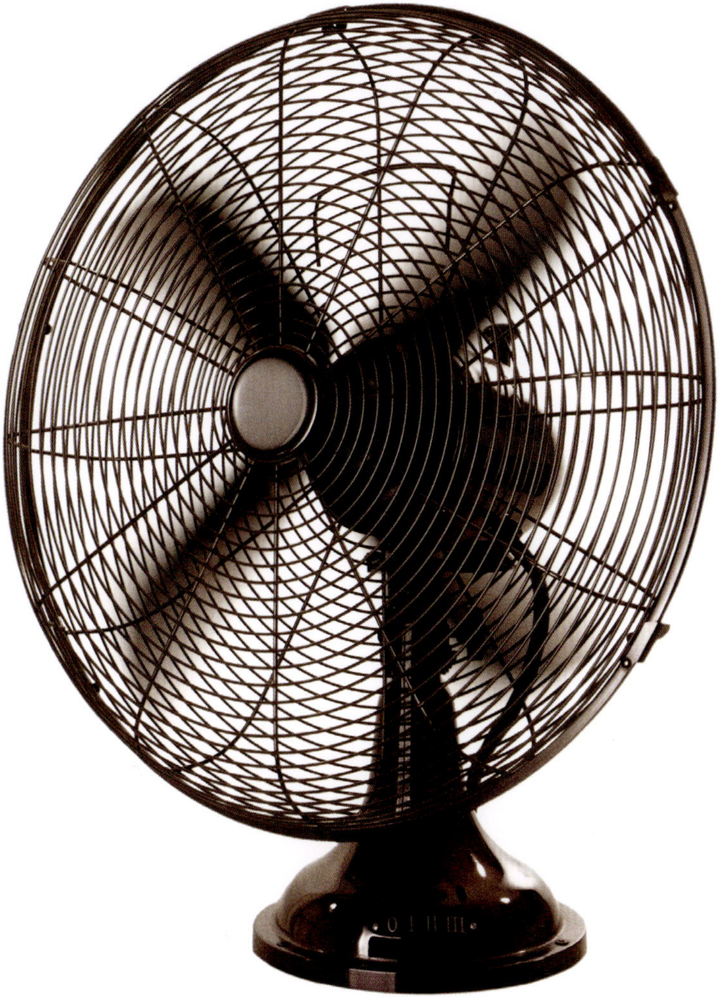

fan

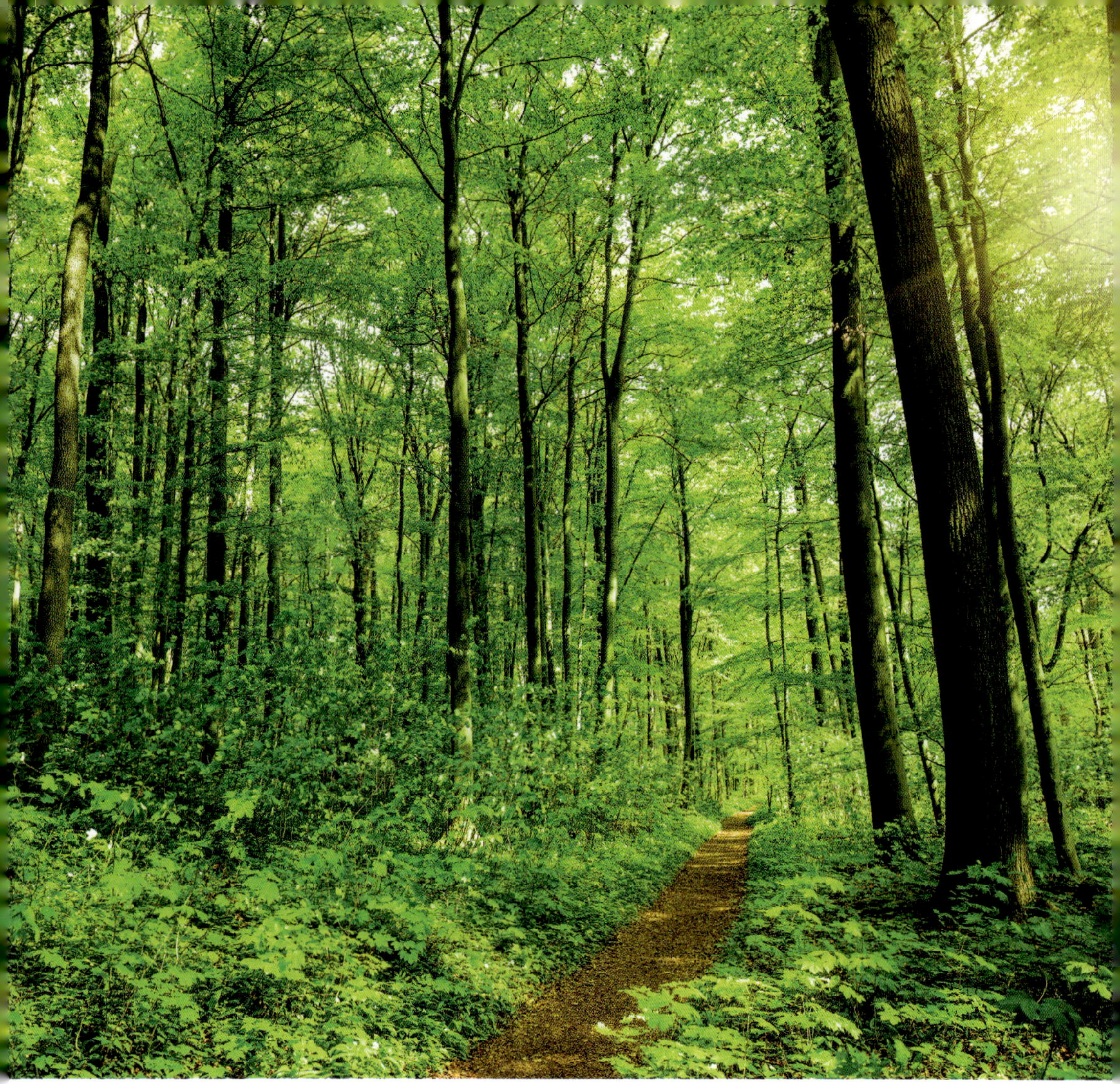

forest

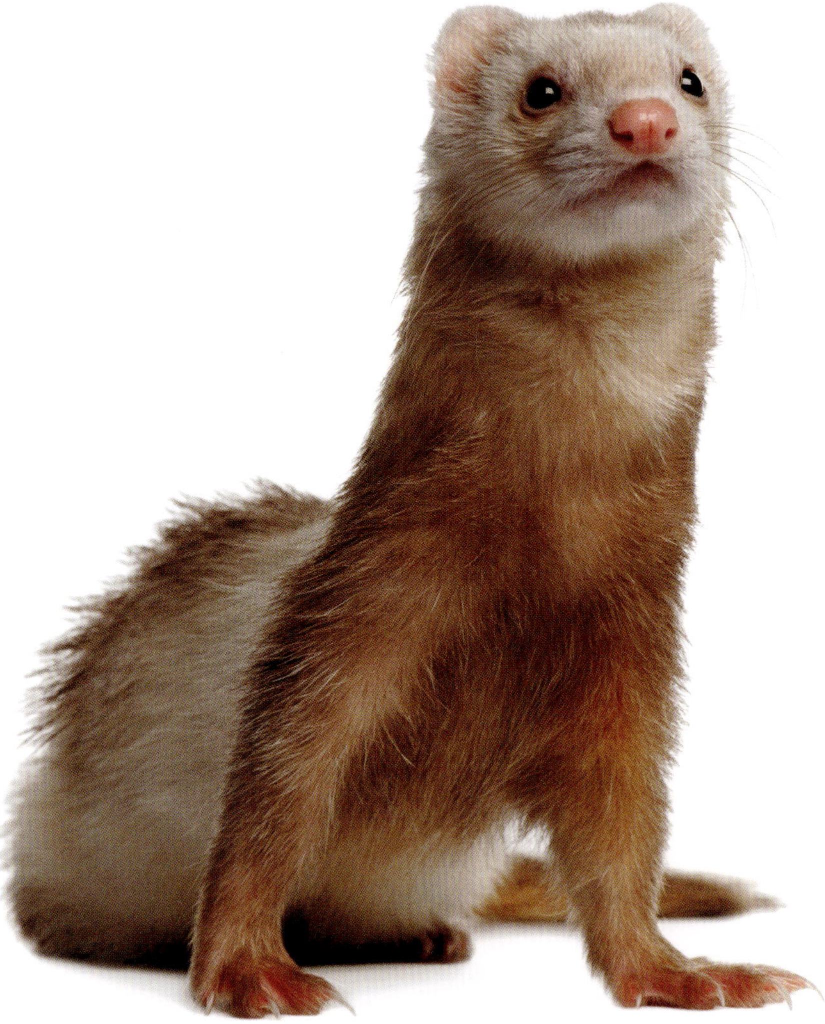

ferret

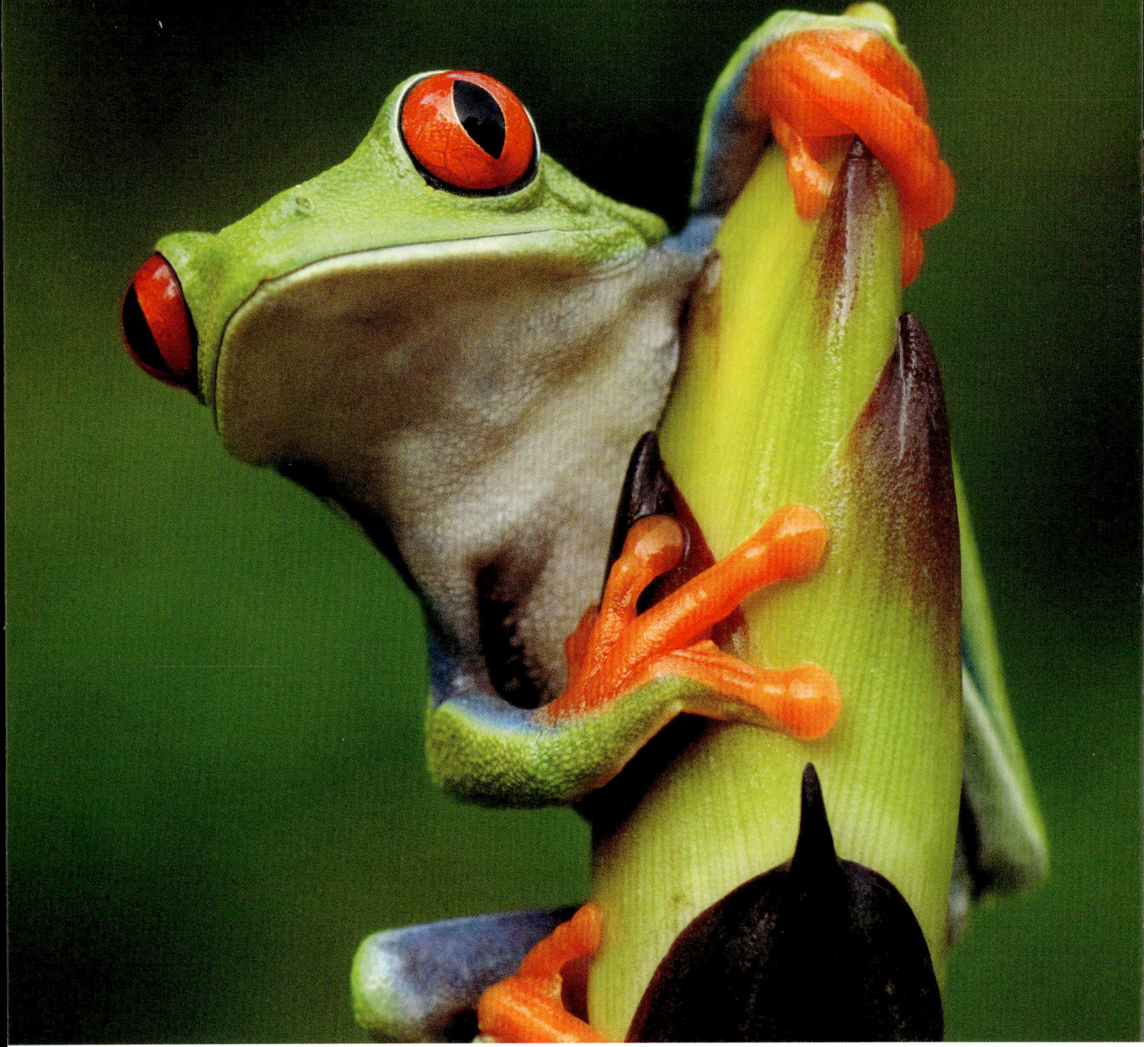

frog

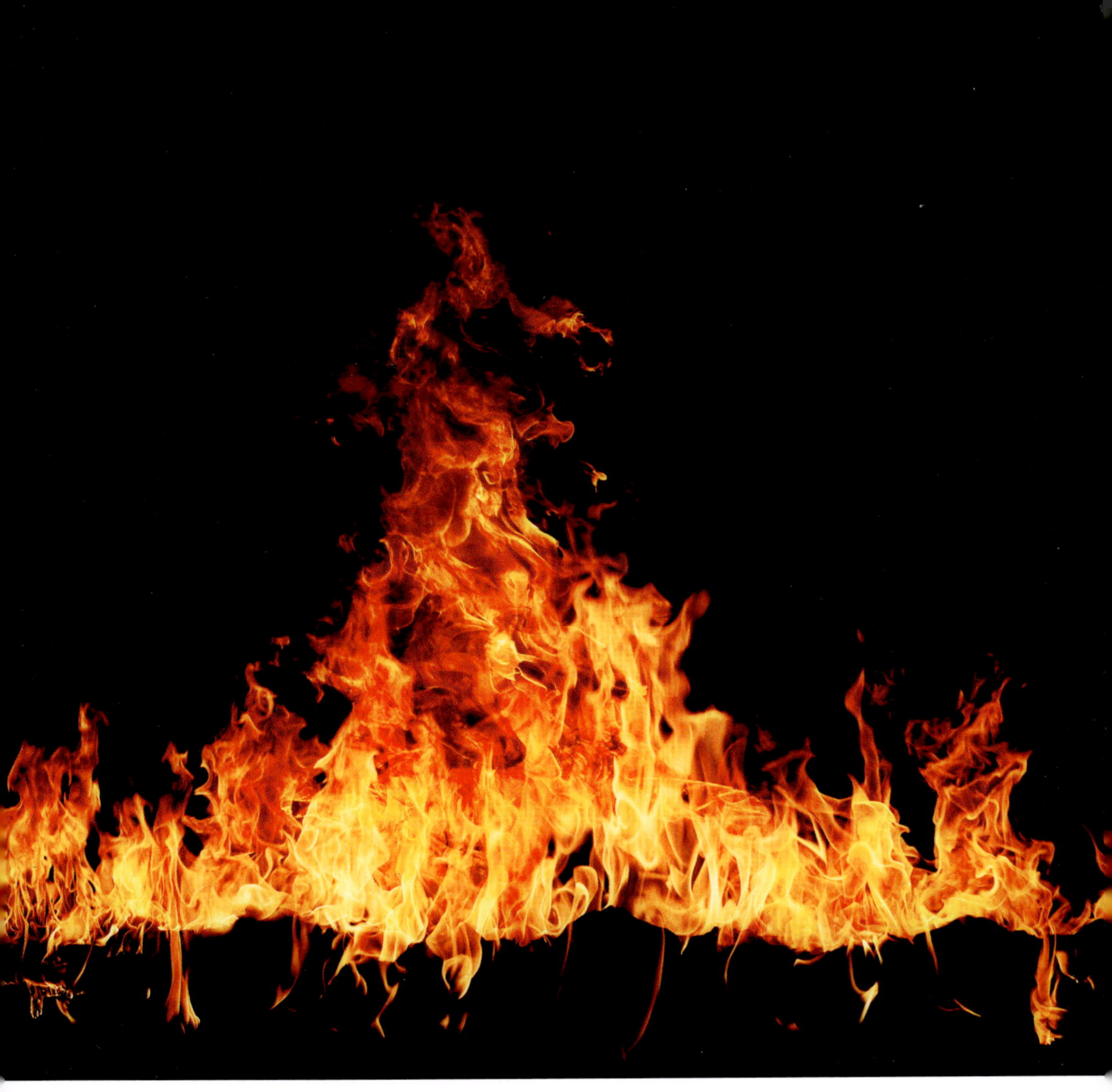

fire

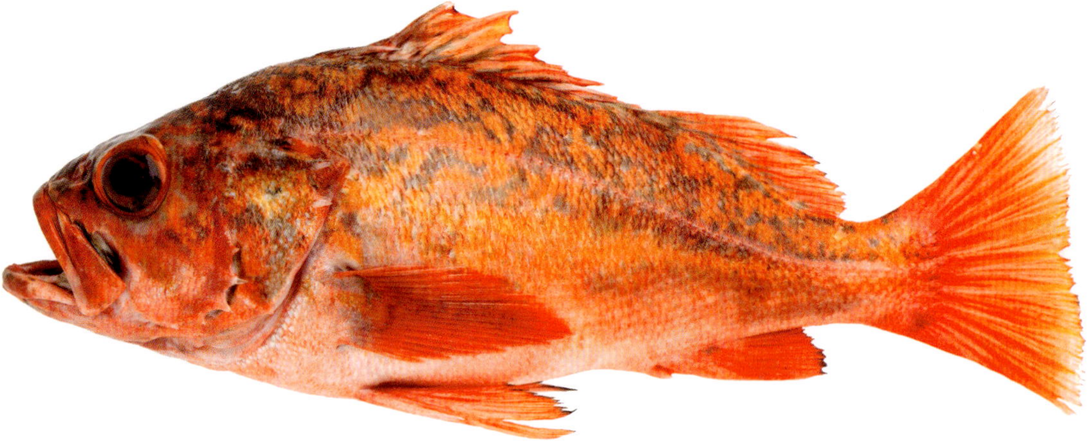

fish

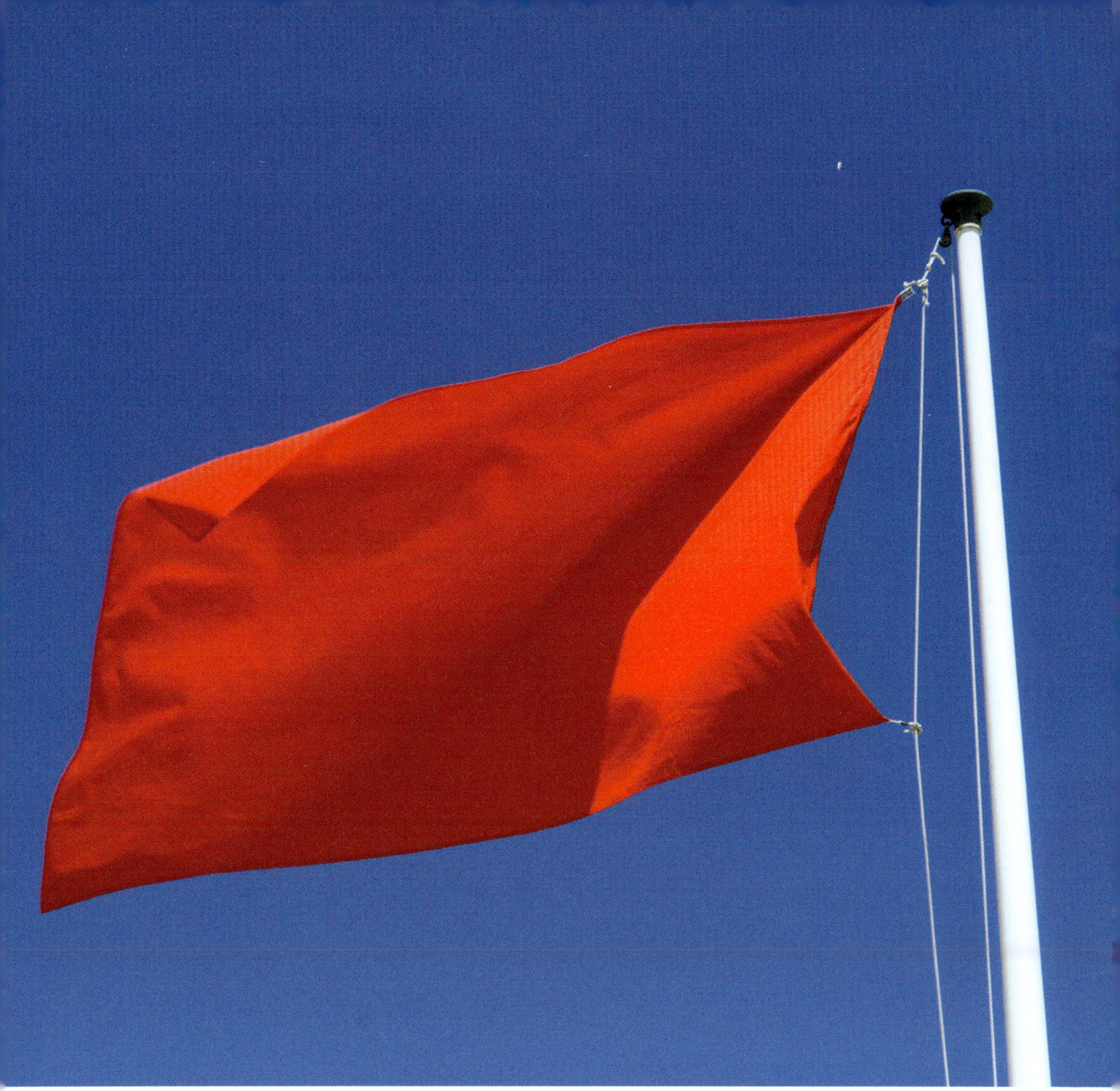

flag

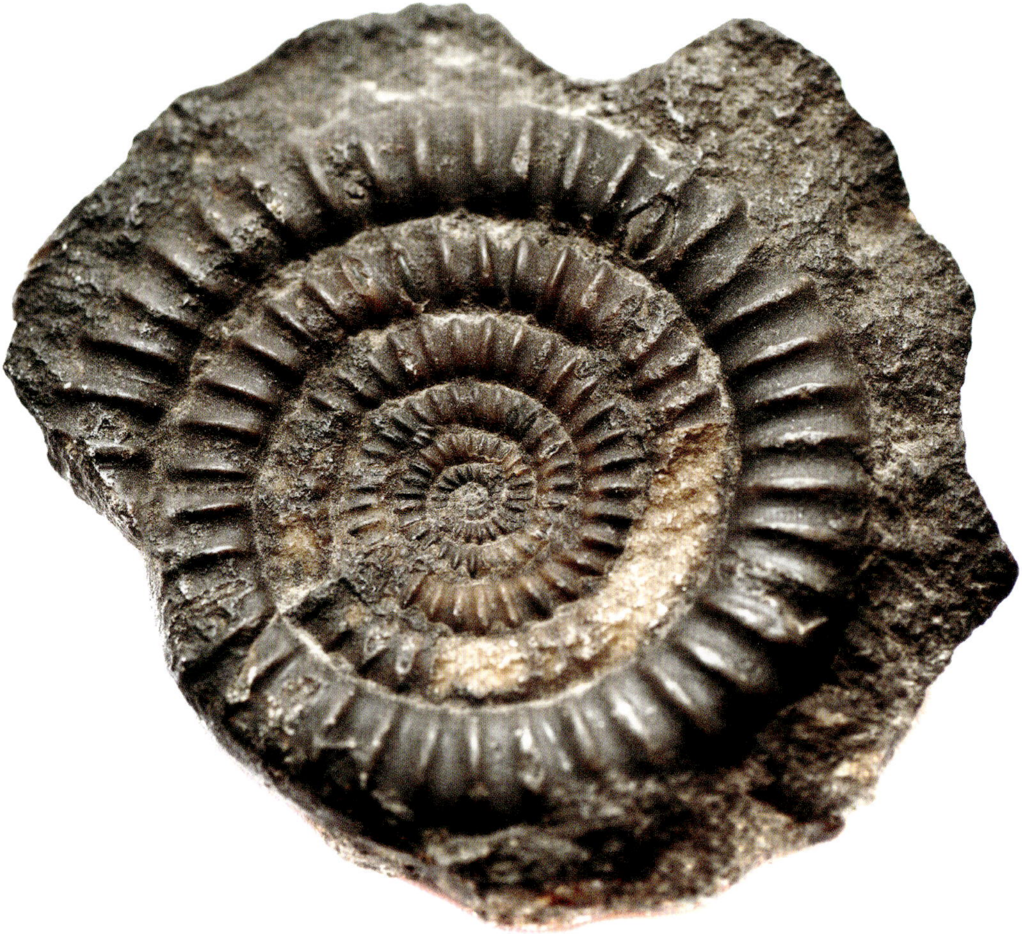

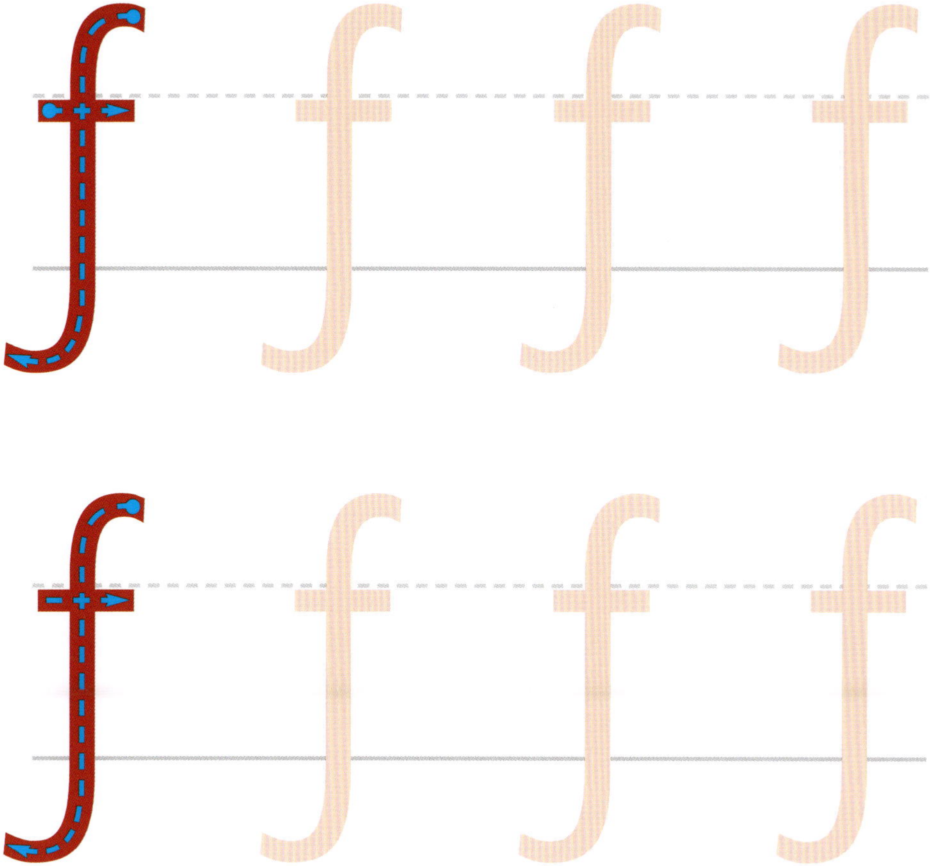

Ff

fox

fan

forest

ferret

frog

fire

fish

flag